Lar dos animais

Um livro de procure e ache

Todolivro

Rodovia Jorge Lacerda, 5086 - Poço Grande
Gaspar - SC | CEP 89115-100

Ilustração:
Shutterstock

Revisão:
Letícia Maria Klein

IMPRESSO NA CHINA
www.todolivro.com.br

Dados Internacionais de Catalogação na Publicação (CIP)
(Câmara Brasileira do Livro, SP, Brasil)

Lar dos animais: Quebra-cabeça Assimilação - 2 anos / Todolivro;
[Ilustração: Shutterstock].
Gaspar, SC: Todolivro Editora, 2023
(Todolivro Play; 2)

ISBN: 978-65-5617-904-9

1. Literatura infantojuvenil 2. Quebra-cabeças - Literatura infantojuvenil
I. Todolivro. II. Shutterstock. III. Série.

23-146648 CDD-028.5

Índices para catálogo sistemático:

1. Livro quebra-cabeças: Literatura infantil 028.5
2. Livro quebra-cabeças: Literatura infantojuvenil 028.5

Eliane de Freitas Leite - Bibliotecária - CRB 8/8415

INSTRUÇÕES DO JOGO

1. Este box contém um quebra-cabeça de assimilação com 18 peças. São 6 conjuntos de 3 peças.

2. Embaralhe as peças do quebra-cabeça, com as figuras voltadas para cima.

3. Junte duas peças de animais a cada uma peça do lar.

DICAS

1. Primeiramente leia o livro para conhecer todos os 40 animais e seus lares.

2. Comece com o lado das ilustrações voltadas para cima e separe os animais dos ambientes.

3. Posicione os lares no centro e busque, entre os animais, dois que sejam correspondentes a este lar.

4. Confira, com ajuda do livro, se a criança encontrou todos os conjuntos.

5. Agora aumente a dificuldade e jogue novamente com as peças de nomeação voltadas para cima.

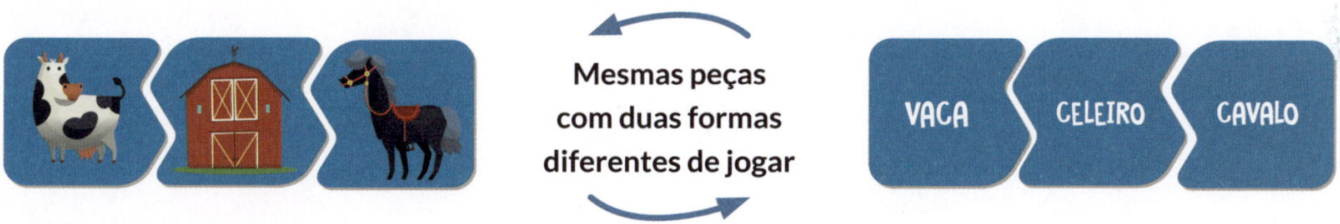

Cuidados com as peças:
- Guardar dentro da caixa em local seco e arejado.
- Não expor à alta temperatura.
- Não molhar, dobrar, perfurar, colar ou riscar.
- Evitar atrito excessivo nas bordas para não danificar as camadas do cartão.
- Para limpar, use um pano seco ou levemente úmido apenas nas superfícies.

ANIMAIS DE ESTIMAÇÃO

SÃO MUITO QUERIDOS PELAS PESSOAS, QUE OS ADOTAM E CUIDAM COM MUITO AFETO E DEDICAÇÃO.
OS ANIMAIS DE ESTIMAÇÃO MAIS CONHECIDOS SÃO:

CACHORROS: HÁ VARIAS RAÇAS, QUE PODEM TER PORTE PEQUENO, MÉDIO OU GRANDE. SÃO MUITO CARINHOSOS E PODEM SER TREINADOS PARA PROTEGER SEUS DONOS. PRECISAM DE MUITA DEDICAÇÃO DOS DONOS, QUE DEVEM LEVÁ-LOS PARA PASSEAR E BRINCAR.

GATOS: SÃO MUITO EDUCADOS E INDEPENDENTES. NÃO COSTUMAM FAZER SUJEIRA OU BARULHO, POR ISSO SÃO UMA ÓTIMA ESCOLHA PARA QUEM VIVE EM APARTAMENTO.

COELHO E HAMSTER: SÃO ANIMAIS PEQUENOS E NÃO PRECISAM DE MUITO ESPAÇO, PORÉM, CASO CRIADOS SOLTOS PODEM CAVAR BURACOS E ROER OBJETOS.

PÁSSAROS: HÁ VARIAS ESPÉCIES DE AVES. AS MAIS PROCURADAS SÃO AS QUE CANTAM OU FALAM.

PEIXE E TARTARUGA: SÃO ANIMAIS AQUÁTICOS E SÃO CRIADOS NORMALMENTE EM AQUÁRIOS.

CACHORRO

GATO
PÁSSARO
COELHO
HAMSTER
PEIXE
TARTARUGA

VOCÊ CONSEGUE ENCONTRAR
TODOS OS ANIMAIS DE ESTIMAÇÃO?

ANIMAIS DA FAZENDA

SÃO MESMO MUITO INCRÍVEIS, POIS DESEMPENHAM FUNÇÕES MUITO IMPORTANTES.
OS ANIMAIS COMUNS DESTE *HABITAT* SÃO:

CAVALO: É UM ANIMAL DE QUATRO PATAS COM PELAGEM CURTA E CRINA LONGA. PODE SER UTILIZADO COMO MONTARIA OU TRANSPORTE.

VACA: É UM ANIMAL GRANDE E PESADO. ELA PRODUZ LEITE, COM O QUAL PODEMOS FAZER ALIMENTOS DELICIOSOS.

OVELHA: POSSUI PELAGEM DENSA E FOFINHA UTILIZADA PARA A PRODUÇÃO DE LÃ.

BODE: É INTELIGENTE E HABILIDOSO. PODE SE ADAPTAR A QUALQUER AMBIENTE. TAMBÉM PRODUZ LEITE E LÃ.

GALINHA, PATO E GALO: SÃO AVES QUE PRODUZEM OVOS. SEUS OVOS E CARNES SÃO UTILIZADOS PARA O CONSUMO HUMANO.

PORCO: É UM ANIMAL PESADO, PORÉM MUITO ÁGIL E RÁPIDO. É CONHECIDO POR SER SUJO, POIS CHAFURDA NA LAMA PARA SE REFRESCAR.

CAVALO

VACA
GALO
GALINHA
BODE
PATO
OVELHA
PORCO

VOCÊ CONSEGUE ENCONTRAR
TODOS OS ANIMAIS DA FAZENDA?

CELEIRO

ANIMAIS DA FLORESTA

AS FLORESTAS SÃO EXCELENTES LARES PARA DIVERSAS ESPÉCIES DE ANIMAIS, COM RIQUEZA DE ABRIGOS E ALIMENTOS. OS ANIMAIS MAIS COMUNS DE SEREM ENCONTRADOS POR LÁ, SÃO:

ALCE: É UM ANIMAL DE QUATRO PATAS COM UMA CALDA CURTA. POSSUI LONGOS CHIFRES QUE O AJUDAM A SE DEFENDER.

URSO: POSSUI UMA PELAGEM DENSA PARA AQUECÊ-LO NO INVERNO, PERÍODO QUE ELE PASSA HIBERNANDO.

TIGRE: É O MAIOR FELINO DO MUNDO. É UM EXCELENTE CAÇADOR, TEM LONGAS GARRAS, E SUA PELAGEM É LARANJA COM LISTRAS PRETAS.

RAPOSA: É UM ANIMAL INTELIGENTE E COSTUMA SE ABRIGAR EM BURACOS E TOCAS.

ESQUILO: GOSTA DE SE ESCONDER NAS COPAS DAS ÁRVORES. ELE SE ALIMENTA PRINCIPALMENTE DE NOZES.

CORUJA: É UMA AVE COM HÁBITOS NOTURNOS. TEM UMA ÓTIMA VISÃO E COSTUMA VIVER EM BURACOS EM TRONCOS DE ÁRVORES.

LOBO: É PARECIDO COM O CACHORRO, PORÉM NÃO DOMESTICADO. VIVE EM ALCATEIAS E É CONHECIDO POR UIVAR PARA A LUA.

ALCE

URSO
ESQUILO
CORUJA
TIGRE
LOBO
RAPOSA

VOCÊ CONSEGUE ENCONTRAR
TODOS OS ANIMAIS DA FLORESTA?

ANIMAIS DA SAVANA

NA SAVANA VIVE UMA GRANDE VARIEDADE DE ANIMAIS, INDO DOS MAIORES MAMÍFEROS ATÉ OS MENORES INSETOS. VEJA A SEGUIR ALGUNS DELES:

ZEBRA: É PARECIDA COM O CAVALO, MAS TEM CRINA CURTA E PELAGEM BRANCA COM LISTRAS PRETAS.

ELEFANTE: É CONHECIDO PELO SEU TAMANHO E POR SUA INTELIGÊNCIA E MEMÓRIA. POSSUI UMA LONGA TROMBA QUE UTILIZA PARA SE ALIMENTAR.

LEÃO: É UM GRANDE FELINO COM UMA COROA DE PELOS EM VOLTA DA CABEÇA CHAMADA DE JUBA. VIVE EM GRUPO E É RESPONSÁVEL POR PROTEGÊ-LO.

RINOCERONTE: É UM ANIMAL ENORME. ELE POSSUI UM GRANDE CHIFRE NA PONTA DO NARIZ.

LAGARTO: SUA PELE É COBERTA POR ESCAMAS, E ELE SE ADAPTA FACILMENTE AO AMBIENTE.

GIRAFA: POSSUI PERNAS E PESCOÇO LONGO, POR ISSO É O ANIMAL MAIS ALTO DO MUNDO, O QUE O AJUDA A ALCANÇAR AS FOLHAS MAIS ALTAS PARA SE ALIMENTAR.

SURICATO: É UM ANIMAL PEQUENO QUE VIVE EM COLÔNIAS. POSSUI GARRA NAS PATAS DIANTEIRAS QUE É USADA PARA CAVAR BURACOS E TOCAS.

ZEBRA

ELEFANTE
GIRAFA
SURICATO
LAGARTO
LEÃO
RINOCERONTE

VOCÊ CONSEGUE ENCONTRAR TODOS OS ANIMAIS DA SAVANA?

ANIMAIS DO OCEANO

O OCEANO É LAR DE MUITAS ESPÉCIES DE PEIXES. VAMOS VER ALGUMAS DELAS?

TUBARÃO: É MUTO ÁGIL, COM VISÃO E OLFATO AGUÇADOS. ELE POSSUI MUITOS DENTES QUE O AJUDAM NA ALIMENTAÇÃO.

BALEIA: É O MAIOR MAMÍFERO EXISTENTE E PODE SER AVISTADO QUANDO SOBE À SUPERFÍCIE PARA TOMAR AR.

LULA: É UM MOLUSCO COM OITO BRAÇOS E DOIS TENTÁCULOS QUE O AJUDAM A SE ALIMENTAR. ELA SOLTA UMA TINTA PRETA PARA SE DEFENDER.

ARRAIA: É UM PEIXE GRANDE E ACHATADO, COM BARBATANAS QUE PARECEM ASAS. POSSUI UMA CALDA COM UM FERRÃO.

POLVO: ESTE ANIMAL TAMBÉM É UM MOLUSCO E VIVE NO FUNDO DO MAR. POSSUI OITO TENTÁCULOS COM VENTOSAS E TAMBÉM SOLTA UM LÍQUIDO PRETO PARA SE DEFENDER.

PEIXE-PALHAÇO: É UM PEIXE MUITO COLORIDO QUE VIVE NOS CORAIS. NORMALMENTE É ALARANJADO COM LISTRAS BRANCAS E PRETAS.

TUBARÃO

BALEIA
POLVO
LULA
ARRAIA
PEIXE-PALHAÇO

VOCÊ CONSEGUE ENCONTRAR
TODOS OS ANIMAIS DO OCEANO?

ANIMAIS DO ÁRTICO

SÃO ANIMAIS QUE ESTÃO PREPARADOS PARA VIVER EM REGIÕES FRIAS, TAIS COMO:

URSO POLAR: POSSUI PELAGEM BRANCA E GERALMENTE VIVE SOZINHO NO POLO NORTE.

MORSA: ELA É SEMIAQUÁTICA E TEM DUAS LONGAS PRESAS.

RAPOSA-DO-ÁRTICO: É MUITO SOCIÁVEL E SUA PELAGEM BRANCA A AJUDA A SE ESCONDER NA NEVE.

LEÃO-MARINHO: POSSUI QUATRO NADADEIRAS, AS DA FRENTE SÃO UM POUCO MAIORES DO QUE AS DE TRÁS. VIVEM DENTRO DA ÁGUA, MAS TAMBÉM PODEM SUBIR À SUPERFÍCIE.

BOI-ALMISCARADO: ELE POSSUI LONGOS CHIFRES E UMA PELAGEM LONGA E VOLUMOSA QUE O AJUDA A SE AQUECER.